Friedrich Steinmeier

Die Goldammer
aber sang ein anderes Lied

*Lyrische Fragmente und
späte Gedichte*

Verlag Drei Mühlen · Kirchlengern

© 2008 Friedrich Steinmeier und Verlag Drei Mühlen
Alle Rechte beim Autor.

Zeichnungen: Manfred Buchholz
Titelfoto: Privatarchiv Friedrich Steinmeier

Gesamtzusammenstellung, Umschlag und Layout:
Willi Fleddermann

Druck und Herstellung:
Satzart Plauen

Verlag Drei Mühlen, Oberfeldweg 7, 32278 Kirchlengern
www.verlag-drei-muehlen.de
eMail: info@verlag-drei-muehlen.de

Printed in Germany
ISBN 978-3-935827-14-0

*... Flöten von fern
und Grillen
holen die Kühle der Wiesen.
Schwimmende Wolken
hinter den Pappeln,
schwimmender Mond
im Boote
des Zauberers.*

Teil I		Die Goldammer aber sang ein anderes Lied	
		Lyrische Fragmente	9 - 95
Teil II		Auf späten Wegen	
		Gedichte	97 - 125

Das alte Buch	99
Zwetschen	100
Windsturm	101
Auf dem Dachboden	103
Novembertag	104
Die Marionette	105
Winteranfang	106
Spuren im Schnee	107
Herdfeuer	108
Eisblumen	109
Der Aquamarin	110
Tauwind	111
Vorfrühling	113
Der Kiebitz	114
Der Pirol	115
Früher Sommer	117
Reife	118
Hochsommer	119
Gespräche	120
September	121
Im alten Steinbruch	122
Herbsttag im Wiehen	123
Auf späten Wegen	124
Autor und Werkverzeichnis	126

Teil I

Die Goldammer aber sang ein anderes Lied

Lyrische Fragmente

... die Goldammer aber sang ein anderes Lied, ein gelbes Sommerlied; und wenn Johann in der glutenden Unterstunde im Schatten der Eiche auf dem Rücken lag, die Kiepe neben sich im Gras, dann lauschte er ihrem Mittagsgesang.

Das Getreide knackte in der Sonnenglut, und im Roggenfeld standen Kornblume, Mohn und Rade. Neben ihm am Waldrand aber blühten Goldraute und Hexenkraut, Weidenröschen und die zierliche Schattenblume. Da hockte er dann und trank aus der grünen Flasche, von der er sich nun nicht mehr trennen mochte, und die er an jedem Brunnen, an dem er vorbeikam, wieder füllte mit kühlem Wasser aus der Tiefe.

Sandige Wege mit silbrigen Birken, und der Samen der Bäume rieselte auf ihn herab und flirrte im Sonnenlicht. Und nachts tanzte er im Mondenschein um ihn herum. Die Tage waren lang im Juni und hell die durchwanderten Nächte. Einsame Wege unter blassen Sommersternen. Gurgelndes Wasser im Bach, und die Brücke schlief unter der schmalen Mondsichel ...

... dann hatte er die
ersten Häuser des kleinen Dorfes am Waldrand
vor sich, ging an ihnen vorüber und
spürte bald die frische Kühle des Bergwassers,
das hier in einem kleinen Bach von
der Höhe herabrann. Er folgte dem Wasserlauf
und stieg den Hang hinauf, schritt
durch Wälder von Farn und sah den Roten Fingerhut
leuchten, kam zu dem verwunschenen
Quellteich, unter Brombeerranken verborgen,
und lauschte auf den Laubsänger,
dessen Gesang ohne Unterlass seinen
Aufstieg begleitet hatte ...

... die Sonne aber stieg Tag für Tag höher am Himmel hinauf, und es begann die Zeit der Maulwürfe. Überall schoben sie die Haufen lockerer Erde ans Tageslicht. Die Äcker dampften, und Pferde und Pflüger gingen im märzblanken Feld. Von allen Zweigen läuteten die Meisen, und die Mädchen stupsten mit einem trockenen Grashalm den ersten Marienkäfer an, den sie auf dem Johannisbeerstrauch entdeckt hatten ...

… bald hatte er die Häuser von Buer hinter sich und ging den schmalen Weg über die Suttheide dahin. Der Schnee knirschte unter seinen Füßen, und sein Atem wehte wie ein Nebelrauch vor ihm her. Auf dem Feld hockten Schwärme von Krähen wie dunkle Kobolde. Jedesmal, wenn er näher kam, stob das schwarze Gelichter davon, die weiße Einsamkeit mit ihren rauen Rufen erfüllend. Manchmal stieß er mit dem Fuß gegen festgefrorene Pferdeäpfel.

Die Tüte mit Kaffee hatte er versteckt, der blanke Messingkessel aber baumelte oben an seiner Kiepe, und die Wintersonne spiegelte sich in ihm und ließ ihn glänzen und leuchten, als sei er aus Gold. Bei jedem Schritt klang es rein wie edles Metall, immer wenn der kleine Behälter an das Holz der Kiepe schlug. Die Sonne aber schwang mit, und jedesmal wenn das Messing hin- und herschaukelte, huschte ein gelber Lichtreflex über das verschneite Feld …

... als Johann nach
Hause ging, war es noch kälter geworden, und
das neue Jahr kündete sich mit tausend
Sternen an. Der Schnee knirschte, und irgendwo
bellte ein Hund. In der klaren Luft
hörte man es meilenweit. Dann war es still.
Der Bär blinkerte über dem Holz,
und der Frosthauch fiel in die Gärten und
zog über den Grünkohl …

... der Winter kehrte nicht mehr zurück, das Wetter blieb mild den ganzen Monat hindurch. Im Kirchsiek leuchteten die gelben Kätzchen des Hasels, und vom Böschenbrock schimmerte die silbrige Rinde der Birken; ihre dünnen Zweige wehten wie losgebundenes Haar im Frühlingswind. Bei Hermann Dahlmann krochen sogar schon die ersten Immen aus den Fluglöchern und brummten ein bisschen voreilig um den Bienenkorb. Nur die zurückgebliebenen Winterkrähen machten einen traurigen Eindruck, und ihr Krächzen klang fremdartig vor dem sonnenbeschienenen Waldrand ...

... dann konnte man auch
die große Standuhr schlagen hören, und in der Stille
der Nacht tönte es wunderschön
durch den Garten; das ganze große Haus schien
darin mitzuklingen, und die Nachtigall
unterbrach ihren Gesang. Johann hatte einmal
mit Korf auf der Diele gestanden, und der hatte ihm
voll Stolz die große Uhr gezeigt mit dem
Perpendikel aus Messing, der wie eine blanke Sonne
langsam hin- und herschwang ...

... und wieder im Frühlingswald. Er kam durch den feuchten Erlengrund der Billerke. Überall liefen die Sickerwasser zusammen, bildeten ein Gewirr kleiner Rinnsale, zwischen denen auf moorigem Grund das satte Gelb der Sumpfdotterblumen hervorleuchtete. Der braune Waldboden war über und über damit bedeckt, so dass man den Eindruck hatte, als liefe das viele Quellwasser aus einem goldenen Teppich hervor.

Dort, wo all die schmalen Wasserläufe sich zu einem kleinen Bach vereinten, blühte schon das Milzkraut, und als Johann aus den Erlen hervortrat, um dem Wasser durch das anschließende Wiesental zu folgen, sah er kleine Trupps gelber Bachstelzen vor sich auffliegen. Schafstelzen; sie waren zurückgekehrt, wippten mit ihren langen Schwänzen, und ihr gelbes Gefieder leuchtete in der Frühlingssonne, als wollten die kleinen Vögel wetteifern mit den goldenen Sumpfdotterblumen hinten im Erlengrund ...

... aber ihre Idee war wirklich nicht schlecht, und nachdem sie sich noch eine Weile an der Morgensonne und dem stillen Glücklichsein erfreut hatten, schritten die beiden über die Brücke und den Fluss lachend in ein anderes Land.

Es wurde ein wunderschöner Himmelfahrtstag, und ihre Maiwanderung war begleitet vom Flöten des Pirols. Sie hatten sogar das Glück, den scheuen Waldvogel in einer Buche zu Gesicht zu bekommen und auch sein hängendes Nest, kunstvoll um die Astgabel geflochten; und sie freuten sich über die schwarzgelbe Pracht dieses Pfingstvogels ...

… Johann mochte die Melancholie der Sonntage nicht, und sobald die neue Woche begann, war er wieder unterwegs. Von der Mauer der Kirche herüber wehte der Duft des Pfeifenstrauchs; und er wanderte durch Ginstergluten und kniehohes Gras, mitten durch den Duft des Mädesüß und durch die ersten goldleuchtenden Kerzen des Gilbweiderichs. Der Roggen hatte gestäubt, und aus den Feldern kam der Wind, ein warmer Wind, und er trug den Duft von reifendem Getreide über das Land …

... vor und hinter der
Brücke liegen Steine im Wasser, das plätschernd
darüber hinwegströmt. Ein ungewohnter
Laut hier in der Ebene, eine kleine Stromschnelle
vortäuschend. Die Mehlschwalben
scheinen diese Stelle am Fluss besonders zu
lieben, immer wieder schießen sie unter
der Brücke hindurch, hin und her, als wäre dies
die Erfüllung ihres Daseins.

Beim Weitergehen höre ich noch eine Weile
das Plätschern des Wassers, dann sind es wieder
die Lerchen und Kiebitze, die den Ton
angeben. Als ich mich umschaue, sehe ich von
der Brücke nichts mehr, nur die Pappeln
stehen wie eine Morgenwache über
der grünen Weite. Und dann ist man bald
an der Warmenau ...

... von den herbstlichen Feldern auf dem Hügel vor Hücker fällt es herab bis in die Niederung und breitet mit Spinnweben und goldenem Buchenlaub einen warmen Farbton über Wald und See.

Alles ist wie in ein unwirkliches Licht getaucht, das vom Himmel herabzuströmen scheint; eine brokatdurchwirkte Welt, in der die silbergrauen Reiher fast ein wenig fremd wirken, wie sie da am Ufer stehen vor dem braunen Wald und auf Fische warten, unbeweglich, fast wie zur Salzsäule erstarrt.

Doch die Enten beleben den kleinen See. Ihr Kielwasser zieht einen blinkenden Keil über die sonnenflimmernde Wasserfläche. Im Schilf ruft das Teichhuhn, und dann schwimmt es kopfnickend zu der kleinen Insel hinüber, die sich ein wenig hinter gelbdurchleuchtetem Dunst versteckt hat.

Die Blätter fallen. Wie unzählige kleine braune Vögel schweben sie zur Erde und legen sich auf die Welt, auf das Kielwasser der Enten, auf den Waldboden, auf Tische und Stühle der Gartenwirtschaft, auf den Bootssteg und auf die Boote ...

... und darüber ein
großer Sommer. Kaffeetassen auf Gartentischen,
Porzellangeklapper im Grünen, und
dazu ein großer Kuchen.

Alles ist ruhig, beschaulich und feierlich.
Die Gärten haben ihren großen Tag. Der Phlox
prahlt in allen Farben, und auf dem
Sommerflieder gaukelt das Pfauenauge.

Abends gibt es Obstwein, noch
vom vorigen Jahr, der in großen Korbflaschen
hinter dem Küchenherd seinem
Johannisbeerbukett entgegengereift war. Der
ganze Stolz des Hausherrn.

Lampions auf der Veranda der Gartenlaube, und
Liebespaare im Sommerdunkel …

... **wenn es** dann zur Schule zurückging, mussten wir immer über den alten Friedhof. Man kam aus den sonnigen Gärten und trat nun in die grüne Kühle. Lebensbäume und Buchsbaumhecken, frische Blumen auf neuen Gräbern und graue, verwitterte Grabsteine, Jahrhunderte alt. Requiem aeternam.

Aber bunte Falter auch hier, wie in den Gärten, und die Mönchsgrasmücke sang und sang. Sie wusste nicht um den Tod.

Auch die großmächtige Linde mit ihrem hellen Grün, die in der Mitte des Friedhofes stand und sommertags den Duft ihrer unzähligen Blüten weithin verströmte, war eher ein Sinnbild des Lebens.

Dabei lag zu ihren Füßen die gewaltige Steinplatte mit dem vom Regen der Jahrhunderte verwaschenen Wappen, das an den „wohledlen und vesten Heinrich Voss" erinnern sollte, „zum Bochel und Teich erbgesessen", und der nun „in Christo selig entschlapen" war ...

... ach, nun werde ich an so vieles erinnert, dass mir ganz wirr im Kopfe ist. Gedanken und Erinnerungen durchströmen mich wie ein Fluss. Langsam gehe ich zurück.

Unter den großen Buchen bleibe ich stehen. Kohlmeisen turnen in den Zweigen wie damals, als sie zum Futterplatz vor unser Klassenfenster kamen.

Und da ist auch der Kleiber. Irgendwoher aus der Tiefe des Friedhofs kam er angeschossen, und nun klebt er an der glatten Buchenrinde, läuft den Stamm hinauf und wieder herab.

Dann beginnt es zu regnen, in dicken Tropfen. Nein, der Himmel ist ja blau. Es sind Bucheckern, vom heftiger werdenden Wind vom Baum geworfen. Ein Meer von Bucheckern regnet auf mich herab. Und ich lehne am Stamm und mag nicht fortgehen, so wie man eine Feierstunde nicht vorzeitig verlässt ...

... während ich in
Gedanken versunken weiter den Bach
hinaufgehe, tritt das kleine Gehölz immer
näher ans Ufer, dessen lehmige
Wände hier und da abbröckeln, Baumwurzeln
freilegend, so dass das in vielen
Windungen dahinfließende Wasser
sich immer wieder durch hölzerne Torbogen
zwängen muss.

Angeschwemmte Zweige und Gras,
Treibgut, das hier hängenblieb. Im zeitigen
Frühjahr, bevor die Erlen, Hasel
und Buchen Laub tragen, ist der Bachgrund
weiß und gelb übermalt mit
Buschwindröschen und Scharbockskraut.
Eine Augenweide, die auch das
Herz lachen lässt, ein Paradiesgarten
für einen Bach …

... *aber der* alte Hohlweg ist noch da, und darüber freue ich mich, während ich in seinem Dämmer dahingehe. Böschungen voller Mauselöcher, bewachsen mit Weißdorn, Schlehen, Hainbuchen, Hasel und Holunder. Blütenduft im Frühling und rote und schwarze Beerenfülle im Herbst. Maus, Eichelhäher, Eichhörnchen; und die Schwanzmeisen turnen im Geäst, das sich über mir schließt. Stille, und im Sommer der Hauch von Jelängerjelieber, Kühle, wenn auf den Feldern der heiße Wind weht ...

... aber auch über das
wilde Bruch kann ich sehen und über den
Entwässerungsgraben, der nicht mehr
so recht seinen Zweck erfüllt, seit man im Moor
das Wasser staut. Die Bauern schimpfen,
aber die Ente mit ihren faustgroßen Jungen im
Kielwasser benutzt den Graben als
Richtschnur. Niemand entschlammt ihn mehr,
die Bauern haben aufgegeben, die Wiesen
werden sauer. Ampfer wächst dort, Riedgras und
Binsen, Samenanflug, erste Erlenschößlinge
sprießen schon zwischen den sauren
Gräsern. Wild sieht das Bruch aus, und der
Eindruck verstärkt sich noch durch den
Katzenschrei des Mäusebussards, der über dem
Wiesenland seine Kreise zieht. Weiter den
Bach hinauf, dort wo die schwarzbunten Rinder
weiden, ist der Boden noch nicht so sauer ...

… aber hier am Bach blühen die Kuckuckslichtnelke, Blutweiderich, Waldengelwurz und Minze, und an dem alten Viehstall duftet der Holunder mit dem Mädesüß um die Wette. Das Wasser aber kannst du nur noch ahnen, es fließt unter einem grünen Tunnel. Ströme in der Tiefe.

Glühendheiße Unterstunde im Mittag, Duft von Heu, und der Zilpzalp von fern, von irgendwo. „Backuarbendesker", Backofendrescher, hieß der kleine Vogel hier früher. …

... Grillen zirpen am Abend,
und im Spätsommer kommen die ersten
Nebel, die sich wie dünne Schleier den Bach
entlangziehen. Wiesen dunkeln,
Erlkönig und Oberon. Bunte Buchenwälder im
Herbst auf den höhergelegenen Hängen
beiderseits des Baches. Frühe Abende. An der
Wand eine Federzeichnung der
Gewinghauser Mühle, 1915 gezeichnet von
Gerhard Wedepohl, dem genialen Künstler, der
viele Kleinodien aus Minden-Ravensberg
mit dem Stift festhielt und sie uns
Nachgeborenen überlieferte.

Im Winter werde ich noch einmal
den Bach hinaufgehen, wenn die Erlenzeisige in
den Bäumen umherhuschen und die
Neuschneedecke übersät ist von Erlensamen.

Dann gehe ich bis zum Zuschlag hinauf,
einem kleinen Holz, das über der
schneeigen Kuppe dunkel vor dem Winterhimmel
stehen wird, so wie es immer war seit
alter Zeit ...

... so ging ich damals durch den Sommer. Am Wege blühten die Skabiosen, in den Heuwiesen lief ich barfuß, und abends duftete der Jelängerjelieber im Hohlweg. Eine Sommermondnacht im Zuschlag.

Nachmittags hockte ich im Schatten der Schlehendickung, vor mir eine Weide voller Maulwurfhaufen. So träume ich in den heißen Tag. Aber das ist doch Reinecke. Kaum zu glauben, da schnürt der Fuchs durchs Gras, am helllichten Tage und wittert an jedem Erdhaufen. Aber die Schwarzröcke bleiben unter der Erde, es ist ihnen zu heiß heute. So verschwindet der Fuchs bald wieder im gegenüberliegendem Unterholz. Ja, so sind für mich die Zeiten des Sommers.

Es kommen die ersten dunstigen Tage, wenn der Himmel immer höher wird, und Krähen darüberhin rudern, wenn die Vogelmauser anfängt und neben dem ersten welken Blatt dann und wann eine bunte Feder den Bach hinabtreibt. Dann schlüre ich wieder meinen Pattweg durch den Zuschlag, sehe mir die Eichengallen auf den vergilbenden Blättern an, hocke mit Kletten an den Hosen auf dem alten

Wurzelknubben, spüre den Wind
im Weißdorn und habe mein Vergnügen
an der Maus, wie sie emsig hin- und herläuft
und eine Buchecker nach der anderen
in ihr Loch unter der Eiche trägt.
Hagebutten im Herbstwind, der von den
abgeernteten Feldern herüberweht.
Die Schlehen werden blau, und die ersten
Brombeerblätter färben sich purpurn. Nun bin
ich oft mit dem Nussknacker in der Tasche
unterwegs und klettere in der Hegge umher.
Der Nussknacker hat reichlich zu tun.
Früher habe ich die Haselnüsse immer auf
einem Stein zerschlagen, aber die
Technik geht auch an einem Vagabunden
nicht vorbei, sie macht mich sozusagen
unabhängig von Feldsteinen und lässt mich auch
noch auf dem Heimweg Nüsse essen,
vorausgesetzt, ich habe die Hosentaschen voll
gesammelt. Heimweg im Dunste des
Abends. Frühe Herbstnebel …

… irgendwann im Hochwinter fällt die Zeit des Nordost über den Zuschlag. Der Wind weht von Bergkirchen, sagen die Leute. Krähenwinter. Dann kann der Vogelsee zufrieren. Die letzten roten Beeren fallen aufs Eis, Beeren des Schneeballs, die kein Vogel mag. Der Wintersonnenuntergang atmet Kälte, und die Nasenflügel kleben zusammen, wenn man abends über die gefrorenen Kluten des Feldes nach Hause kommt, und nachts zieht Orion über den kalten Sternenhimmel …

… irgendwann aber glitten jedes Jahr die Schlittenkufen dann über braune Walderde. Von den Büschen tropft es, und von der Eiche läutet die Meise. Dann kann man auf den Schneeresten der Felder die Hasenhochzeit beobachten, und die Venus, der Abendstern, leuchtet in der milden Dämmerung.

Zu Palmarum brechen die Weidenkätzchen auf.

Der Bach plätschert lauter als sonst und ist angeschwollen vom Schmelzwasser. Nun kann ich sicher sein, dass das Milzkraut bald wieder blüht an seinem Ufer, die Goldnessel und der Lerchensporn. Die Landwehrwälle, die sich noch an ihm entlangziehen, sind dann auf der ravensbergischen wie auf der mindischen Seite mit Waldmeister überzogen, und dazwischen reckt der Aaronstab seine bleiche Blüte empor.

Buchfinken schlagen, im Hochwald hämmert der Buntspecht. Kuckuckslichtnelken in den Wiesen, und hinten bei den Fischteichen leuchtet es weiß. Vogelkirschen, Prunus avius, weiße Baumkronen im feuchten Siek. Kirschensiek, heißt dieses Seitental seit altersher …

... da stehe ich dann
unter den hohen Lärchen, lehne
am Stamm und schaue in den Frühling.
Von der Höhe auf der gegenüberliegenden
Seite, jenseits des Baches, höre ich
ein Glöcklein läuten. Ja, der Habighorster
Friedhof, den Tod kümmert der
Frühling nicht. Ein kleiner Friedhof nur,
wenige Gräber hinterm Waldrand.
Still und fern der lauten Welt,
und unwillkürlich erweckt sein Anblick
den Wunsch, später einmal hier
begraben zu werden. Später?

Das Glöcklein schweigt. Von Erde bist
du genommen, zu Erde sollst du
wieder werden. Dann sind nur die Lerchen
über dem kleinen Friedhof. Ist es
nicht gleichgültig, wo wir liegen, wenn
unsere Namen aufgerufen werden?

Um auf andere Gedanken zu
kommen, gehe ich nun langsam den
Weg zum Hörsterbusch ...

… doch nun liegen die schönen alten Höfe mit den gewaltigen Eichen längst hinter mir, und ich gehe den Grasweg über das große, weite Donoer Feld, das jetzt im Frühjahr zu dampfen scheint vom Atem der Maulwürfe, und das erfüllt ist vom Lerchengesang unter dem weiten Himmel, über den die Wolken fliehen. Wohin man schaut, Einsamkeit, und die Wege, die man geht, verlieren sich am Horizont. Über allem aber rütteln die Turmfalken …

... im Hochsommer bin ich wieder im großen Feld, freue mich über die Artenvielfalt am Wege, hocke mich zwischen Schafgarbe und Hirtentäschel und verdöse die heiße Mittagsstunde im Schatten der Eiche.

Als das Getreide blühte, stand tagelang eine Staubwolke über dem Feld. Nun backt der Mittagswind Brot. Der gelbe Weizen knackt in der Sonne, und Mohn und Kornblume stehen müde im Mittag. Nur ein einsamer Zilpzalp in der Hecke. Kamille am Feldrand ...

... keine Erntewagen mehr, wie damals, als ich mit den Gefährten meiner Indianertage hier herumschlich. Mähdrescher heute, Stunde um Stunde auf dem großen Feld, und nachts dröhnen die Motoren unter dem Sternenhimmel. Alter Sommer und Hundstage, rissige Stoppelfelder. Schäfer mit Hund und Herde wie früher.

Aber in Dono reifen die Zwetschen und Birnen an der Südwand der alten Häuser, vor der Schreinerei trocknen die Bretter in der Sonne, und bald fallen die ersten Holunderbeeren ins Gras.

Pflügen im Herbst, Tag um Tag über das große Feld. Ostwind im Oktober, der auch durch die wärmste Jacke weht. Zerfahrene Rübenblätter auf nassen Herbstwegen. Verlassen liegt das große Feld, und ich wandere auf auf glitschigen Pattwegen. Bald werden die Kraniche rufen über Dono und dem Feld ...

... dem Einschnitt des Hohlweges folge ich mit den tief ausgewaschenen Wagenspuren, an dessen feuchten Seitenwänden noch Bärlapp wächst, eine fast verschwundene Pflanze aus den Urtagen der Erde, ein auslaufendes Modell, würde man heute sagen.

Auch die rote Kappe des Fliegenpilzes, die aus dem Blaubeergestrüpp unter der Birke hervorleuchtet, erinnert an vergangene Tage. Muskarin heißt sein Gift. Rauschdroge der Schamanen aus der Dämonenzeit.

Am ältesten aber sind die Steine, und auf meinem Weg nach oben wandere ich durch die Erdgeschichte des Jura. Zuerst gehe ich auf dem weichen Schieferton des Lias, schwarzer Jura, der das ganze Ravensberger Land durchzieht, und hier und da Ziegeleien hat entstehen lassen. „Kummerkuhlen" heißen hier die Tongruben. Darüber lagern die mächtigen Bänke des braunen Dogger, und wenn man den Kamm des Gebirges erreicht hat, geht man auf dem Kalkstein des Malm, des weißen Jura.

Die Steinbrüche aber haben sich in den Dogger gegraben. Doch heute sind sie alle aufgelassen, und über ihre Zufahrtswege ranken die Brombeeren. Keine

Sprengung erschüttert mehr das
Gebirge, Bagger und Steinbrecher rosten
vor sich hin, und die Wunden,
die man dem Berg schlug, beginnen zu
vernarben. Sämlinge von Birken
und Weiden überwuchern die Gruben,
von deren Steinwänden man nun
abends manchmal den Kauz rufen hören
kann ...

... all das kommt mir in den Sinn, während ich über das weite Land schaue und langsam auf dem Kammweg dahinwandere. Herbstlaub und Sonne. Das Jahr steigt über den bunten Berg. Im Frühjahr war ich auch hier, von Glösinghausen heraufkommend, von den Schlüsselblumenwiesen dem kleinen Bachlauf folgend bis oben zu den verborgenen Quellteichen, in eine kleine Märchenwelt, wo man glaubt, zwischen Moos und Teichschachtelhalm dem Zwergenkönig zu begegnen. Und wenn man dann eindringt in diese Welt aus jungen Fichten und mannshohem trockenen Farn, durch den überall Brombeeren ranken, vermisst man bald den Faden der Ariadne oder wünscht sich sonst einen guten Geist, der der Weg zeigt. Aber der Gimpel, der von der Spitze der Fichte so melancholisch fiept, täuscht seine Traurigkeit nur vor. Er ist ein loser Gesell, auf ihn ist kein Verlass, er fliegt, wohin er will. Doch dann habe ich es geschafft, mich aus der Wildnis befreit und gehe nun den schmalen Patt wieder ins Dorf hinab ...

... das Ammonshorn, nach den Widderhörnern des ägyptischen Gottes Amon benannt. Ammonit sagen die Wissenschaftler. Das klingt nüchterner und ohne mythologische Tiefe. Nun stehe ich hier im unteren Jura, vor mir die dunkelgraue Wand mit der gelben Lehmdecke und dem grünen Birkenwald darüber, und halte diese wunderbar ausgeformte Versteinerung in der Hand. Ich brauchte nicht einmal lange zu suchen, nicht an der Wand herumzuschlagen, nein, sie lag einfach zu meinen Füßen, vor mir im Geröll. Ein glücklicher Zufallsfund, den man nicht alle Tage macht …

… geheime Pattwege liefen in Windungen durchs Gebüsch, vor jeder Biegung neue Entdeckungen ahnen lassend. Quellgebiete, feuchte Senken, Schuhe versackten im Morast. Waldboden, den der Mairegen verzaubert hatte, Buschwindröschen, Schlüsselblumen und das eigentümliche Salomonssiegel. In den Kronen der Bäume sang der Pirol den ganzen Tag, und Vogelaugen schauten uns nach, wenn wir durchs Unterholz schlichen mit unseren Bogen aus Haselnußschößlingen und den Pfeilen aus Schilfrohr …

... plötzlich legte sich der
Wind, und unmittelbar darauf hörte es
auf zu schneien. Es kam völlig überraschend, und
ich stand auf einmal in einer unwirklichen
weißen Helle. Alle Spuren waren verweht. Weiß
und unbeschrieben lag der Schnee, nur die
Weidezäune zeichneten Striche, und die dunklen
Pfähle sahen ein wenig drohend aus.

Stille.

Unten bei den Weiden rief eine Krähe,
hob sich und flog dem Holze zu. Ein Hase schrieb
hoppelnd neue Fährten in das Weiß.

Tauwetter.

Von den Leitungsdrähten tropfte es, als ich
den Weg zu unserem Haus hinaufging. Im Graben
stapften Kinder umher und freuten sich,
dass sie so tief in den weichen Packschnee sanken;
sicherlich hatten sie klitschnasse Füße.

Wir aber bauten uns eine Schneeburg.
Zwei oder drei Kugeln genügen für einen Schneemann,
für eine Burg aber braucht man viele; das
schafft man nur bei Pappschnee …

… auch andere Wesen suchten bei ihm Zuflucht. Eines Tages hatte ein Vogel eine rote und eine schwarze Beere herangetragen, und nun wuchsen eine Eberesche und ein Holunder in seiner Höhlung und trugen schon ihrerseits wieder Früchte. Und das Wasser aus dem nassen Grund ernährte sie alle.

Am Fuße des morschen Weidepfahles aber brütete das Braunkehlchen. Der alte Baum war seine Warte; von hier aus betrachtete es die Welt und sang in den Nachmittag über den Ehrenpreis und den Sauerklee, der den Fuß der hohlen Weide umsäumte.

Wenn aber die Wiesenhänge dunkelten, der Waldkauz lautlos über den alten Baum dahinstrich und der Venusstern über der alten Eiche stand, dann hätten Erlkönigs Töchter lauschen können, wie unter dem milchigen Mondlicht Tischler Breitenkamps Forkenstiele heranwuchsen. Weidenstiele sind elastisch und liegen gut in der Hand …

... aber mit den Blumen
am Bach, den Lichtnelken, dem Hahnenfuß
und der Minze kam der Sommer
und wehte auch über die Wiesen. Ein gelbes
Löwenzahnmeer und dann die Tage
der Pusteblumen. Die Gräser blühten und
Millionen Insekten lebten in der
grünen Welt der Halme; und wenn wir barfuß
durch die Wiesen liefen und dem Bauern
das Gras zertraten, hörte sich ihr Summen an wie
der Gesang der Welt. Borgmeiers Schimpfen
und Drohen aber holte uns immer
wieder zurück in die Wirklichkeit. Kriegen
konnte er uns allerdings nicht, auch wenn er
seine Holzschuhe hinter sich warf
und uns in Socken nachlief ...

… an solchen Abenden stand das Fenster weit offen, und die Lieder klangen in die Mondstille des alten Gartens, so dass der Igel, der manchmal zu Besuch kam und unter den Gartenstühlen und -tischen nach Abfällen suchte, sich gewundert haben mag.

Vom Mühlenrad im kühlen Grunde wurde gesungen und von der Jugendzeit, die keine Schwalbe zurückbringt; doch das Lied vom „Krug zum grünen Kranze" schien mir am besten zu der alten Gartenwirtschaft zu passen. Lag sie doch tatsächlich in einem Kranz großer Bäume und dichter Büsche, zwischen denen man überall Laubennischen angelegt hatte. Hier luden Tische und Stühle zum Verweilen ein, eiserne Klappstühle mit harten Sitzbrettern darauf. Der Pfeifenstrauch duftete, besonders nach Regenschauern, wenn die Tischplatten so schön nass waren, und hinten im Gartengrün sang der Gelbspötter.

Wenn dann am Himmelfahrtsmorgen die von frischem Birkengrün umrahmten Saaltüren weit geöffnet wurden, und die Musik in den taufrischen Maientag klang, kehrte mancher Ausflügler hier ein, zu Fuß oder mit dem Fahrrad, müde von seiner Frühtour …

... das Jahr zog durch den Garten mit Hyazinthen, Narzissen und Tulpen, Veilchen, Stiefmütterchen und Akelei, mit Prullnelken (Bartnelken), Rittersporn und Phlox, mit Gladiolen, Dahlien und Astern, die schon den Herbst ahnen ließen, und mit Löwenmäulchen, in die die Hummeln hineinkrochen wie in das Maul eines Ungeheuers. Als Kinder rissen wir die Blüte dann ab, drückten sie oben zu und hielten sie ans Ohr und begeisterten uns an dem ärgerlichen Brummen.

Vor der Hauswand blühten Klematis, Stockrosen und Georginen. Und über allem der Parfümduft von Nelken, Reseda und Lavendel und das farbige Gaukelspiel der Falter. Das Auffälligste aber war die Bank, aus Kiefernholz gefertigt und dann weiß lackiert. Sie stand in der Mitte des Gartens unter dem mächtigen Tulpenbaum.

Gleich hinter der Hecke aber wuchsen Goldregen, dufteten Flieder und Pfeifenstrauch, den Tante Emma Jasmin nannte. Die Deutzie hieß bei ihr Lilienstrauch, und so verlieh sie dem alten Garten einen zusätzlichen Zauber durch Namen, die wie aus Tausendundeiner Nacht klangen. Der prächtige Rosenbogen, unter dessen duftender Girlande man hindurchging, wenn man den Garten verließ, verstärkte den Eindruck orientalischer Fülle ...

... dann saß der Fliegenschnäpper auf der schlappen Wäscheleine und schien in der Hitze vor sich hin zu dösen. Aber das täuschte. Der kleine graue Vogel ist ein immer wacher Jäger auf dem Ansitz. Ruckartig kommt Leben in ihn, er schlägt einen regelrechten Purzelbaum in der Luft, schnappt die prächtige Schwebfliege und hockt schon wieder auf der durchhängenden Wäscheleine, wo er im leichten Mittagswind hin und her schaukelt.

Über das Gras der Bleiche trippelt eine Bachstelze, und im Kirschenbaum turnt das Meisenpaar mit seinen zeternden Jungen, die hier geboren und groß geworden sind. Für die Kohlmeisen kann man einem Nistkasten getrost in den Kirschenbaum hängen, die bunten Schwarzkäppchen fressen keine Kirschen, wohl aber Kirschfliegen, und so sorgen sie dafür, dass nicht so viele Früchte madig werden ...

... der alte Apfelbaum in unserem Garten war etwas Besonderes. In seinen Zweigen wohnten das Jahr, die Sonne und der Wind, kalte Märzmorgende und die milde Nachmittagsglut des Oktober. Saß man im Herbstduft der reifen Früchte unter seinem vergilbenden Blätterdach, hätte man die Uhren anhalten mögen. Immer wenn ich später zufällig auf auf das Apfelbaumgedicht von Ludwig Uhland stieß, sah ich sofort den alten Baum in unserem Garten vor mir stehen.

Ein Kirschbaum trägt süßere Früchte und ein Birnbaum saftigere, aber ein Apfelbaum bleibt ein Apfelbaum.

Schon mitten im Winter herrschte in seiner gewaltigen Krone ein reger Betrieb, wenn die Kohlmeisen und Blaumeisen zwischen den Ästen umherflogen, um in der grauen borkigen Rinde nach Insekten zu suchen. Das eigentliche Leben aber wuchs im Verborgenen, im Dunkel der Winternacht. Es wohnte in den Zweigspitzen und Knospen, und wenn mein Vater an einem eisigen Januarmorgen durch den Garten ging, vor dem Apfelbaum stehen blieb und ihn eingehend betrachtete, konnt man ihn sagen hören: „Düt Joahr giv et ruiklich Äppel."

Mir war es unverständlich, woher er
das wusste, jetzt, mitten im Winter. Aber die
Blütenfülle im jungen Mai mit ihrem
unendlichen Bienengesumm gab ihm
jedesmal recht. Dann hat er es mir erklärt, hat
mir gezeigt, Blatt- und Blütenknospen zu
unterscheiden, und ich habe viel gelernt vom
Apfelbaum. Seine blühende Pracht im Frühjahr
aber lässt mich noch heute jedes Jahr innehalten.
Damals ragten die Äste des alten Baumes
weit über Hof und Garten. Die unteren waren
wohl beindick und erstreckten sich in
alle Richtungen. Unter ihrem Schutz fühlten
wir uns zu Hause, beim schmetternden
Gesang des Buchfinken, der auf einem
der Äste jedes Jahr wieder sein Nest bezog.
Diese Vögel lieben dicke waagerechte Zweige
an Apfelbäumen, auf ihnen bauen sie, graugrün
wie die Rinde, ihr Nest aus Haaren und
Moos. An keinem anderen Ort habe ich je
ein Buchfinkennest gefunden, und wenn es nach
mir ginge, müssten diese prächtigen
Vögel Apfelbaumfinken heißen …

… es mag sein, dass der Dunst im September ein bisschen Melancholie verbreitet, aber durch ihn hindurch wärmt die Sonne meiner frühen Jahre, und untrennbar mit ihm verbunden ist die Erinnerung an den Herbsttraum einer Kindheit auf dem Lande, an die Kartoffelfeuer.

Wenn die ersten silbrigen Fäden in der milden Nachmittagssonne durch die Luft segelten, und die Krähen über einen weiten hohen Himmel zum Waldrand ruderten, wenn es in der Rotkehlchenstunde der frühen Dämmerung zum ersten Mal nach verwesendem Kartoffelkraut roch, dann war unsere Zeit bald gekommen.

Wer in der Erinnerung an die qualmenden Feuer von Umweltverschmutzung redet oder meint, es sei eine stinkende Unsitte gewesen, wie jedes andere Flämmen auch, der hat nie auf brachem Felde an seiner glimmenden Glut gesessen, wenn das Sternbild des Großen Bären immer höher in den Zenit stieg. Nein, ein Kartoffelfeuer war ein Lebensstil, fast eine Philosophie …

... einen Arm voll Stroh
unter das trockene Kartoffelkraut, und schon
brannte der erste Haufen, verhalten
noch, doch dann brachen sich die Flammen Bahn
und loderten in den Dämmerhimmel.
Weiter unten brannte das zweite Feuer und
bald loderten die Flammen überall
in den hereinbrechenden Abend. Der tiefziehende
Rauch mischte sich mit dem Dunst des
Herbstes. Er verbreitete sich über das Land,
verwandelte und verzauberte es
auf eigentümliche Art. Selbst in der Stadt
vernahm man den herben Duft der Flurfeuer,
und mancher blieb einen Augenblick
verweilend stehen und erinnerte sich an
seine frühen Jahre ...

… **es begannen** die Tage der Schlehen, sonnige himmelhohe Oktobertage, und die blauen bereiften Früchte hingen schon ein wenig zusammengetrocknet an den stacheligen Zweigen, wie der Herbst selbst, süß und bitter. Braune Blätter trieben im leichten Wind schon seit Tagen durch den Wald, mal hierhin, mal dorthin wirbelten sie, ein wenig zigeunerisch, und der Nachmittagsdunst dämpfte ihre Farben zu Pastell.

Ich war durch das Holz gelaufen auf der Suche nach Haselnüssen, die nun vor der milden Sonne vom Strauch fielen und in das trockene Falllaub plumpsten. Beide Hosentaschen hatte ich voll und saß jetzt auf meiner Wurzelbank am Waldrand vor dem alten Harboikenneost (Stubben der Hainbuche), hatte meine Absätze in den Lehm der Böschung gestemmt, sah den Fäden nach, die silbrigweiß durch den Nachmittag segelten, und träumte ein wenig von den Wäldern Kanadas und von Indianern …

... von Zeit zu Zeit
dröhnte es dumpf aus dem Berg. Dann
erhoben sich die Staubwolken
über den braungrauen Gesteinsbänken.
Der Wind trug sie empor bis
oben zu den Fichten, die am Rande der
Steilwand mit ihren Wurzeln kaum
noch Halt fanden.

Wenn dann der Staub sich legte, auf
Menschen und Bäume herabsank und man
die Bruchsteinmauern der alten
Steinbrechanlage wieder erkennen konnte,
tutete das Horn zur Entwarnung.
Es klang, als bliese jemand auf einer der
versteinerten Muscheln, die hier einst
an den Küsten des Jurameeres
gelebt hatten ...

... gut, dass es Plätze gibt, die nur zu Fuß zu erreichen sind, so bewahren sie ihre stille Einsamkeit.

Die Steine sind mit Moos, Algen und bunten Flechten überwuchert. Auch die verrosteten Schienen und Loren, die einst hier liegengeblieben, scheinen bunt vom Bewuchs der Flechten. Der Traubenholunder leuchtet mit seinen roten Beeren in der Sonne, und überall huschen Käfer über die nachmittagswarmen Steine. Hinter dem Braunwurzbestand in der Mitte der Senke hat sich ein kleiner Tümpel gebildet. Sein Wasser steht glasiggrün über dem alten Gestein.

Hier fand ich auch den kleinen von Pyrit überzogenen Ammoniten. Ich wusste nicht, was es war, und glaubte, die wunderbar fein gebildete Spirale sei aus Gold. Vielleicht stammte sie aus einer unterirdischen Schatzkammer, und Zwerge hatten ihren fein-ziselierten Glanz geschmiedet. Glaubte man sich doch ohnehin in dieser steinigen Abgeschiedenheit alten Geheimnissen näher.

Wenn man Versteinerungen suchte, fand
man sie nicht, man musste sie
sich schenken lassen, wie eine Kostbarkeit. Und
die gewährte der alte Steinbruch nur
besonderen Freunden. Auch die
Brombeeren waren ein Geschenk. Nirgends
wurden die Früchte so dick wie hier,
und ich habe oft stundenlang gepflückt, nein,
nicht in den Eimer, in den Mund.
Gibt es eine schmackhaftere Beschäftigung,
als Brombeeren zu pflücken? …

… später im Jahr, als die Schatten länger wurden, flogen die roten Drosseln, aus Lappland kommend, in den Steinbruch und fielen über den Holunder her. Und eines Tages hörte man ein Rufen aus der Höhe, dunkel und wehmütig klang es. Nun zogen die Kraniche über den Berg, jene Wanderer der Lüfte, für die Entfernungen nichts bedeuten, und ich hatte den Eindruck, als riefen sie über dem Steinbruch besonders laut.

Bald wurden die Abende dunkler, hier und da funkelte ein früher Stern, und die Himmelsbilder des nahen Winters stiegen über die graue Steinwand. Manchmal fiel eine Sternschnuppe und erlosch über dem dunklen Wald.

Es kamen stürmische Tage, und die gelbe Scheibe des Mondes jagte durch den Wolkenraum. Dann war es wüst und unheimlich im Steinbruch. Wenn ich nach Hause lief, freute ich mich auf die warme Stube, und nachts lauschte ich, wie der Regenwind gegen die Fensterscheibe drückte. Die Tage der Brombeeren waren nun vorbei …

... wenn dann abends
der Wind ums Haus ging, das Feuer unter
dem Köcher brannte und der Duft
aus dem Kessel die Kellertreppe hinaufkroch und
sich in der ganzen Wohnung verbreitete,
fühlte ich mich geborgen, auch
wenn die Dunkelheit regenschwer in das
Küchenfenster schaute.

Nein, die Mischung aller Gerüche ergab
keinen Gestank, die duftete angenehm. Wer einmal
an einem kochenden Schweinepott gesessen
hat, wird mir Recht geben. ...

... das machte auch mein Vater so, wenn er den Schweinepott fertig hatte, das Feuer brannte und eine samtene Dunkelheit sich im Keller ausbreitete. Dann stand ich neben ihm am Köcher, der eine wohlige Wärme ausstrahlte, ein Trost in der Dunkelheit. Kleine Flammen flackerten durch die Ofentür, und ihr Widerschein zuckte an den Wänden. Vom nahen Stall nebenan grunzte das Schwein.

Allmählich stieg mir der würzige Duft in die Nase. Dann hob mein Vater manchmal den Deckel und suchte mir eine der kleinen gedämpften Kartoffeln heraus, die ich pustend in den Händen hin- und herdrehte, bevor ich sie in den Mund schob. Jeder, der sich noch erinnern kann, weiß, dass Kartoffeln aus dem Schweinepott einen besonderen unnachahmlichen Geschmack haben ...

... zu Hause angekommen, dunkelte es schon in der Ferne, und die erleuchteten Fenster der Häuser schauten mit ihrem warmen Schein in den hereinbrechenden Abend. Ich traf auf der Straße niemanden mehr, die spielenden Kinder waren von ihren Eltern längst ins Haus gerufen worden. Auch bei uns saßen alle unter der Lampe in der Küche, und ich brachte den Duft des Brotes mit ins Haus.

Der aber mischte sich mit dem Geruch von aufgewärmtem Essen und dem des Tabaks vom Zigarrentisch meiner Mutter sowie dem frischen Duft der trocknenden Wäsche über dem Herd. Das war der Geruch unserer Küche, der abends unter der Lampe noch abgerundet wurde durch den Tabakqualm aus der alten Pfeife meines Vaters.

Diese hütete er wie seinen Augapfel. Er hatte sie im Ersten Weltkrieg in englischer Gefangenschaft in Frankreich geschnitzt. In den Kopf war ein Eisernes Kreuz eingraviert und ein Eichenkranz. Darunter stand die Jahreszahl 1917. Auf der Rückseite aber war zu lesen: Made in Bassé Foret – P.O.W. ...

... wenn wir mittags aus
der Schule kamen, liefen wir querfeldein über die
harten Kluten des gefrorenen Ackers, um
den Nachhauseweg abzukürzen. Alle Menschen
schienen in jenen dunklen, verhangenen
Tagen der Geborgenheit ihrer Häuser zuzustreben,
einer Bratapfel-Geborgenheit, wie mir schien,
in der sich ein jeder gut aufgehoben wusste,
denn die Bratapfeldüfte aus dem Backofen des
Küchenherdes konnten sich alle leisten,
auch die Ärmsten.

Weihnachten geschah hauptsächlich vor
Weihnachten. Es begann mit der ersten Kerze
auf dem Adventskranz und mit einer
kleinen Tüte voll Spekulatius, die meine Mutter
aus der Stadt mitbrachte, wenn sie ihre
Zigarren abgeliefert und Lohn erhalten hatte.

Einmal im Jahr, jetzt vor Weihnachten,
erlaubte sie sich um unser willen diesen Leichtsinn
und brachte uns damit sozusagen den ersten
Gruß vom Christkind ins Haus ...

… es wurde doch noch ein richtiger Winter. Er kam über Nacht, zuerst mit einzelnen weißen Federn, die im stärker werdenden Wind durcheinanderwirbelten, dann aber wurde ein richtiger Schneesturm daraus. Ich hatte in der Morgenfrühe im Bett den Wind heulen gehört, und als ich nach dem Aufstehen ans Fenster lief, schneite es noch tüchtig, so dass ich vor lauter Flockenwirbel kaum das Nachbarhaus sehen konnte. Überall hatten sich schon Schneeverwehungen gebildet, und der Wind heulte immer noch um die Hausecke.

Zum Frühstück aß ich Brotsuppe und Weichkrusten (in Kaffee eingeweichte Brotkrusten), die ich besonders gern mochte, wenn ich etwas Butter dazu nehmen durfte. Aber heute sah ich ununterbrochen aus dem Fenster und freute mich, wie die Flocken vom Feld her durch den Garten getrieben wurden. Vom Grünkohl sahen nur noch die Spitzen aus der dicken weißen Decke, und der alte Bussard, der über Hermann Ellermanns Acker ruderte, kam kaum gegen den Wind an. Der Aschenpatt zu unserem Brunnen war längst nicht mehr zu erkennen …

... aufgewühlt und erregt legte er sich zu Bett, aber er fand keinen Schlaf. Er hatte vergessen, die Vorhänge zuzuziehen, und nun sah er, dass der Mond wie ein gelber Eierpfannkuchen am Himmel hing, ein großer Sommermond.

Er hörte lange die Grillen zirpen und fand keinen Schlaf. Er lauschte nur auf die Geräusche der Nacht.

Draußen fiel der Schrei eines Nachtvogels in die Stille, spitz und schrill, als wäre ein Stein in klirrendes Eis gefallen.

Oh, ihr Sommernächte, ihr Sommertage. Früh, vor Tau und Tag, war Robert schon unterwegs. Er hatte kaum gefrühstückt, aber er wollte fort sein, bevor seine Mutter ihn an die Arbeit kriegte. Hoffentlich traf er nirgends Frau Sottek. Es zog ihn zu ihr hin, aber er wollte ihr auf keinen Fall begegnen.

So ging er den Bahndamm entlang, lief durch den morgenfeuchten Wald und tauchte im hohen Mittag unter in den gelben Wogen der Roggenfelder. Er wurde zum Gefährten des Pan.

Er war den ganzen Tag unterwegs.
Wenn er Hunger spürte, riss er auf einem Feld
ein paar Möhren aus. Er wischte
sie ab am Gras. Die waren noch nicht sehr
dick, aber schmeckten herrlich.

Es gibt nichts Schöneres auf der
Welt, als mit dem Rücken im Gras liegend, den
Schwalben nachzuschauen und dabei
geklaute Möhren zu knabbern.

Es war ein hungriger, sinnlicher
Sommer. Er duftete schwer nach Mädesüß
auf den Wiesen ...

... seit ihrem Wiederauftauchen aus der Tiefe des Brunnens beschäftigte sie seine Gedanken. Er begann wieder, jeglicher Arbeit aus dem Wege zu gehen, stahl sich heimlich von zu Hause fort und schlich oft in den Wald.

Es war etwas Zigeunerhaftes über ihn gekommen, die Zeit des ziellosen Herumstromerns begann wieder.

Da lag er dann an den heißen Sommertagen auf dem kühlen Waldboden unter einer Buche und träumte vor sich hin. Während draußen auf den Feldern die Tage verglühten, duftete es hier in der feuchten Kühle nach Jelängerjelieber, schwer und betäubend, und der Duft erinnerte Robert an Frau Sotteks Parfüm.

Ach, er wollte allein sein. Und der Wald, wie aus Kuckucksruf erbaut, schien ihm das rechte Refugium ...

... oh, ihr warmen
Sommerabende. Die Ziegelei hatte den Betrieb
längst eingestellt, denn die Grube
war voll Wasser gelaufen, klares, grünschimmerndes
Wasser über dem dunklen Schiefer in der
Tiefe. Eine steinstille Welt.

Überall lagen Findlinge herum, aus den
lehmigen Deckschichten beim Abbau herausgefallen.
Dazwischen wuchsen Birken, Weiden
und Erlen, als Samen vom Wind in die Grube
geweht, einfach zwischen die
verrostenden Gleisen der Feldbahn.

Über der dunklen steilen
Schieferböschung lagerte der Lehm, der nun über
und über vom Gelb des Rainfarns
überwuchert war ...

... aber nicht alle Abende waren mild in diesem Sommer. Einmal gab es ein Gewitter. Schon am Nachmittag war es drohend heraufgezogen, und nun entlud es sich. Robert flüchtete mit seinen Freunden in eine alte übriggebliebene Baubude und lauschte, wie der Regen auf das Wellblechdach herabprasselte, wie er die jungen Bäume bog und das Wasser in der Tongrube unruhig machte. Ob die Uferschwalben wohl in ihren Löchern saßen?

Als alles vorbei war, und die Jungen wieder ins Freie traten, herrschte eine seltsame Stille. Man hörte nur, wie es von den Bäumen tropfte. Irgendwo in der Ferne flötete eine Amsel.

Nach diesem Gewitter wurde es am nächsten Tag schnell wieder warm. Aber der Sommer schien eine Pause zu machen. Irgendwie hatte er einen Höhepunkt erreicht, war zum Stillstand gekommen. Er lag nun in den gelber werdenden Roggenfeldern und schien vor sich hinzudösen, Tag um Tag.

Aber dann begann die große Hitze. Es kamen die Tage des Hundes, die heißeste Zeit des Jahres. Das Korn knackte in der Sonne. Die Ernte begann ...

... die Grillen hingegen
kümmerte das alles nicht.
Sie gehörten zum August wie die früher
hereinbrechenden Abende, wie die
schon kühler werdenden Nächte und der Dunst
morgens am Bach.

Und eines Nachmittags war
die Dreschmaschine da. Robert hörte
ihr rhytmisches Brummen vom Bäckerbrink.
Da stand sie nun wie jedes Jahr
um diese Zeit, oberhalb des Schuttplatzes, und
sie pustete durch lange Blechrohre
den Kaff zu großen Haufen.

Das war nun ein Zeichen, dass
die Augustäpfel reif waren. Jedes Jahr galt
das Brummen der Dreschmaschine
als Signal für die Jungen, nun über die Äpfel
am Bäckerbrink herzufallen ...

… eines Morgens lag Nebel am Bach und auf den Wiesen. Er ließ die Spinnweben sichtbar werden. Als die Sonne den Dunst durchbrach, schimmerten sie an den Büschen, als seien sie aus einer glänzenden Perlenkette gewebt.

Es war September geworden, und unter einem hohen Himmel fielen die Tage langsam in den Herbst.

„Mariä Geburt ziehen die Schwalben furt." Aber noch war es nicht so weit. Sie zwitscherten nur aufgeregt, flogen umher und sammelten sich morgens auf den Leitungsdrähten, aufgereiht wie auf einer Schnur.

Aber die Drescher waren schon weitergezogen, und der Platz auf dem Bäckerbrink lag verlassen, nur die Kaffhaufen erinnerten noch an die eiligen Tage …

… Altweibersommer.

Sonne auf dem Zwetschenbaum, und Spinnfäden wehten silbrig glänzend über die Felder. Dunst am späten Nachmittag über dem Heckenweg, und das Lied der Goldammer wurde müder und müder. Robert besuchte Onkel Wilhelm. Er war eigentlich nicht sein Onkel, obwohl eine entfernte Verwandtschaft bestand, aber es war üblich, ältere Leute so anzureden.

Er traf den alten Mann in seinem Garten. Oh, Gärten im späten Sommer …

... der Sommer war alt
geworden, und die Sonne schien immer dünner.
Nur das Rotkehlchen sang noch
sein silberiges Lied in der Dämmerung.

Wenn Robert im Garten grub,
hüpfte es vor seinen Füßen umher und war
ganz zutraulich.

Die Nächte wurden klar und kalt.
Und über der Wand der alten Ziegeleigrube
stiegen schon die ersten Sternbilder
des nahenden Winters herauf.

Doch die Tage waren noch sonnig.
Drosseln holten die letzten Vogelbeeren,
und am Waldrand leuchteten
die orangeroten Früchte des Pfaffenhütchens.
Brot der Rotkehlchen.

Weiße Schneebeeren zerplatzten unter
den Füßen der Kinder.

Das geschah, seit es Kinder
und Schneebeeren gab, und wird immer
so sein im Oktober.

... **wenn er** einkehren wollte, setzte er sich auf einen der weißgekalkten Steine am Straßenrand, holte seine Butterbrote hervor und die emaillierte Kaffeeflasche mit dem Bierflaschenverschluss. Ja, seine Welt war die Chaussee.

Robert saß oft neben ihm im Gras. Es war interessant, und nicht einmal der Grünfink in der Linde konnte sie stören, so vertieft waren die beiden in ihrem Gespräch. Sicher ungewöhnlich, doch der Straßenwärter war auch ein ungewöhnlicher Mann.

Aber der Wind, der die Landstraße entlangfuhr, wurde kälter mit der Zeit, und die Tage dunkler und nebliger. ...

... seit Tagen schon
segelten helle Wolken über den alten
Baum dahin und warfen Schatten auf den Acker
am Hang und in die Felderweiten des
jungen Jahres. Der Wind trieb
immer neue Wolkenfluchten über den Brink
in die märzhelle Welt, durchmischt
mit Starenschwärmen, die seit gestern
zurückgekehrt waren,
und die nun unten in die Wiesen einfielen,
um nach Würmern zu suchen.

Oben auf dem höchsten
Ast des Walnussbaumes aber saß die Märzdrossel
und sang vom frühen Morgen bis weit
in den Abend, und manch einer
horchte auf, als sei er ein wenig verwundert.
Nachts aber, wenn der Vogel schlief,
hing der Frühlingsmond wie ein gelber Ball
in den noch kahlen Zweigen.

Dann schlief auch das Dorf
unten am Brink, und die Menschen träumten
im Mondschein ...

... draußen jedoch tanzten die ersten Mückenschwärme in der wärmenden Aprilsonne, und unten über den Wiesen am Bach schaukelten die schwarzweißen Lappen der heimgekehrten Kiebitze im Taumelflug dahin.

Am Bachufer aber blühten Sumpfdotterblume und Milzkraut, und weiter oben im Siek unter den alten Buchen leuchtete das Scharbockskraut, wehten Buschwindröschen und Lerchensporn im lauen Nachmittagswind, und hier und da reckte der Aaronstab seinen dunklen Finger aus dem blassen Blütenkelch.

Den Bach hinauf, hinunter aber schaukelte der Zitronenfalter den ganzen Tag und schien es gar nicht müde zu werden ...

... erst als es dämmerig
wurde, machte Werner Matutat Feierabend,
und dann saß er auf der
Gartenbank unter dem Birnbaum und
schaute auf sein Tagwerk.
Über dem Walnussbaum aber, oben auf dem
Brink, ging der Mond auf, der
große Ostermond ...

… **ein lautes** Klatschen über ihm riss ihn aus seinen Gedanken. Aufgeregtes Flattern und Flügelschlagen, dann war es wieder still. Es dauerte eine Weile, bis die Ringeltaube zu rufen begann, doch nun schien es gar kein Ende zu nehmen, immer und immer wieder klang ihr dunkler Ruf aus den Zweigen des alten Baumes, hohl wie aus weiter Ferne.

Der junge Mann unten am Stamm schien sie nicht zu stören, und der lauschte, in sich versunken, dem waldfernen Vogelruf und vergaß für eine Weile die Welt um sich herum …

... nun waren die
Kätzchen abgefallen vom Walnussbaum und
lagen wie krumme grüne Würste
im Gras. Der Baum stand voll im Laub und warf
schon Schatten auf den Brink.

In seinem Blätterdach versteckt
sang die Mönchsgrasmücke den ganzen Tag.
Sie lebte scheu und im Verborgenen,
und niemand bekam sie zu Gesicht. Doch ihr
Gesang war über allem und
beherrschte den Tag vom Morgendämmern bis
zum Sonnenuntergang ...

... aber diesmal kam niemand, und Rabenvater musste sich damit begnügen, den quirligen Zaunkönig im Stachelbeerbusch zu beobachten und das Rotschwänzchen, das in diesem Jahr in der alten Gießkanne gebrütet hatte, die im Zwetschenbaum hing. Am interessantesten aber war es, den Flugkünsten des Fliegenschnäppers zuzuschauen. Er schlug einen Purzelbaum nach dem anderen in der Luft, während seine Jungen aufgereiht auf der schlappen Wäscheleine hockten und auf Futter warteten ...

... sie saßen lange
im kühlen Schatten des Walnussbaumes
und lauschten dem Zilpzalp, und
sein eintöniges Lied war über dem Tag und über
ihnen beiden. Sie vergaßen die Zeit
und die Welt, und der große
Baum behütete und beschützte sie, bis die
Dämmerung den Hang hinabkroch und der Baum
wie eine dunkle Silhouette gegen den
Himmel ragte.

Sie hielten sich an der Hand, sahen
unten am Waldrand die Rehe
aus der Dickung treten, sahen den Heumond
aufgehen und waren einander
sehr nahe ...

... der gelbe Kopf der Ammer leuchtete vor dem tiefblauen Himmel, und der Gesang des unermüdlichen Vogels zog mit den kleinen weißen Wolken hin über die Getreidefelder, die in der heißen Mittagssonne knackten.

Gerste, Roggen und auch der Weizen standen schon in Stiegen, und der von den beiden Pferden gezogene Selbstbinder hatte nur noch den Hafer vor sich. Nun, da es wieder Sisalschnur gab, war das ein Kleines, die riss nicht so oft wie der alte Papierbindfaden der Reichsmarkzeit.

Nachts stand der Erntemond blass über dem Feld, und in seinem fahlen Licht huschten die Roggenmäuse über die Stiegen. Aber es gab keine Wachen mehr am Waldrand, niemand stahl mehr Getreide.

Auch die Ährensammler waren verschwunden, die Frauen und Kinder, die einst in der Mittagshitze über die Felder schritten und sich tausendmal bückten, um ein zusätzliches Brot zu erwerben ...

... und nun fuhren sie unter dem hohen, weiten Himmel dahin, geradewegs auf den Horizont zu. Es fuhr sich so ungewohnt leicht mit der neuen Bereifung, dass sie fast mit den kleinen weißen Wolken Schritt halten konnten, die dann und wann über sie dahinsegelten.

Sie fuhren Straßen, die sie noch nie gefahren, durch Gegenden, die ihnen bis dahin unbekannt waren, überquerten kleine Brücken und rasteten im Straßengraben, pflückten Brombeeren an der Böschung oder lagen nur einfach im Gras, Arme und Beine von sich gestreckt.

Sie schoben ihr Rad ins Wiehengebirge, und in den Rillen der Hohlwege fanden sie manchmal versteinerte Muscheln und Ammoniten, die das Regenwasser freigespült hatte. Beeren, die sie bis dahin nicht gekannt, hingen an dünnen Zweigen über den Wegen, und Walter schmückte ihre Räder damit.

So fuhren sie durch den hereinbrechenden Herbst und kamen erst bei beginnender Dunkelheit wieder nach Hause, wenn der Herbstmond schon aus dem Walnussbaum stieg, müde, aber mit lachenden Augen ...

... der erste Herbstnebel,
der unter dem Mond der Jäger
hin über den Brink zog, trieb die Mäuse vom
Feld in die Keller der Häuser.
Doch er bräunte auch das Walnusslaub und ließ
die ersten Nüsse ins Gras fallen.

Kraus und hart raschelten
die Blätter im Wind, der von Tag zu Tag rauer
wurde und das welke Laub den
Hang hinab trieb, bis die Zweige fast leer waren
und der alte Baum wie ein Skelett gegen
den hohen Herbsthimmel ragte ...

… dann begann die Stunde des Rotkehlchens. Der kleine zutrauliche Vogel mit den warmen Knopfaugen hüpfte unter dem Baum im welken Laub umher, drehte hier und da ein Blatt um und suchte nach Maden und Asseln. Bis weit in die Dämmerung hinein war er auf der Suche, der Vogel des Herbstes, der Vogel der frühen Abende …

... *auch Walter* hörte
den Specht und sah die ersten
Schneeflocken, die vom Brink heruntertrieben.
Wie kleine weiße Federn wirbelte sie
der Wind den Hang hinab.
Der Buntspecht aber saß am Stamm des
alten Baumes, hackte an der
Rinde herum, und als
der Schneefall stärker wurde, hörte Walter
wieder sein Gelächter und sah,
wie er in Wellen auf und
ab dem Waldrand zu flog. So brachte
der bunte Vogel den Winter …

Teil II

Auf späten Wegen

Gedichte

Das alte Buch

Sonnentage
und kühle Nächte
mit Spinnweben am Morgen. –
Der Apfel reift
im Nachmittag.

Auf der Gartenbank
das alte Buch.
Ich nehme es oft zur Hand
jetzt im Herbst.

Doch ich weiß nicht,
wann ich die letzte Seite lesen werde.

Zwetschen

Blaubereifte Früchte
und warm im Zwetschenbaum
hängt der Altweibersommer.

Auf dem alten Stuhl
vor der Südwand
sitzt sie in der müden Sonne,
bis die Schatten länger werden.

Da kommt aus der Gartentiefe
das Rotkehlchen –
und hüpft
auf den Rand
ihres alten Weidenkorbes.

Windsturm

Nun grölt der Sturm seine wüsten Lieder. –
Wie ein Haufen Betrunkener
treiben die Blätterwirbel
die Straße hinab.

Hüte tief im Gesicht,
und die alte Wetterfahne
auf dem Kirchturm
tanzt.

Abends dann
jagen Wolken über den Himmel,
und die kahlen Zweige der Bäume
zeigen
auf den neuen Mond.

Auf dem Dachboden

Latten,
Sparren und Dachpfannen,
Spinnweben überall.

Gerümpel
und die alte Truhe.

Der Deckel ist schwer,
doch wer das Geheimnis
lüften will,
wird ihn heben.

Altes Geschirr,
Kleider meiner Mutter,
der Strohhut
und das Hochzeitsbild meiner Eltern. –
Die Handgranate aus dem ersten Weltkrieg.

Doch das Schönste
ist die alte Wanduhr.
Rosenranken,
einst auf das bunte Zifferblatt gemalt. –
Wem schlug sie Tage und Stunden?

Ob ich sie wieder aufziehen soll?

Novembertag

Nebel, –
grauer Mantel
vor dem dunklen Wald.
In der Ackerfurche
Rübenblätter. –
Nieselregen.

Auf dem alten Weidepfahl
am Bach
hockt die Krähe
wie ein stummer Kobold,
und an der Brücke,
der trock'ne Bärenklau,
hält des Jahres
Totenwache.

Die Marionette

An einem Balken
hängst du,
bei mir zu Hause,
von Fäden gehalten.

Dabei wären doch
Tanz und Theater
deine Bühne.
Buntes Leben.

Wer zieht
an unseres Jahrmarkts Fäden?
Bühne unseres Seins.

Wirst Du mich festhalten,
wenn der Faden
reißt?

Winteranfang

Als ich nach Hause kam,
begann es zu schneien,
und vor dem fernen Waldrand
flogen die Krähen
ihren Schlafbäumen zu.

Mit mir
kam ein Hauch von Winter
in die warme Stube,
und die Dämmerung
kroch ins Fenster,
als ich eintrat.

Doch meine Frau
hatte eine Kerze
angezündet.

Spuren im Schnee

Im Neuschnee
eine Marderspur,
und viele Zeichen
schrieb die Winternacht.

Geheimnisse und Sonderbares
im Licht der Morgensonne.

Gegen Mittag dann
begann das Schneetreiben,
und als es zu dämmern anfing,
waren alle Zeichen verweht.

Die Winternacht aber
schrieb neue Geheimnisse.

Herdfeuer

An frostklaren Wintertagen,
wenn auf dem Hof
die Kreissäge singt,
färbt das rote Sägemehl
der Erlenstämme
den Schnee.

Noch brennt unser Feuer
im Herd,
wir hüten die Glut.

Und in der eiskalten Nacht,
drunten am Bach,
wachsen neue Erlen
unter dem Sternenfeuer.

Eisblumen

Blätter und Ranken,
weißer Zauber,
ans Küchenfenster gemalt
aus der Kälte
der Januarnacht.

Doch ihr blüht
aus dem Totenreich.

Im Hauch unseres lebendigen Atems
fällt eure falsche Pracht,
und vor der Herdwärme
glühende Ringe
versinkt ihr wieder
in die Kälte
des Nichts.

Der Aquamarin

Wasser des Meeres,
Aquamarin.
Im Feuer warst du geboren,
dem Meere fern.

Blaugrüner Beryll,
Zwillingskristall
im Lichte des Tages. –
Doch für wen deine Schönheit
in der Finsternis Tiefe?

Nun liegst du
auf meinem Schreibtisch.
Schuf dich der Feuergott
nur,
um mich zu erfreuen?

Tauwind

Wenn der Tauwind weht,
stäuben die ersten Hasel
oben am Hang.

Schneereste in den Ackerfurchen,
und die Maulwürfe
atmen den Geruch der Erde.

Abends ruft der Kauz
und spricht mit dem Venusstern
überm Walde.

Doch das tropfende Wasser
an der Dachrinne
verbreitet
Melancholie.

Vorfrühling

Anemonen im Buschwind
und unten am Bach
die roten Kerzen der Pestwurz.

Am Buchenhang
das Scharbockskraut,
und in den kahlen Zweigen
ruft die Märzdrossel
den ganzen Tag.

Anders als sonst
gurgelt das Wasser,
und der Wind
im grünenden Weißdorn
weht anders.

Warte,
morgen werden die Schlehen blühen.

Der Kiebitz

Wenn im jungen Jahr
die Schlehen blühen,
ist der Kiebitz längst schon da.

Im Taumelflug
über der grünen Weite
der Wiesen
entgeht ihm nichts.

Nur die Lerche steigt höher
und schaut ihm
ins Nest.

Der Pirol

Wiesenschaumkraut
in den Gräserweiten
und die Maientage
gelb vom Löwenzahn.

Schwalben
schießen über den Fluß
hin und her,
und vom nahen Holze
ruft der Pirol,
immer wieder.

Weißt du noch,
als wir ihn das erste Mal hörten?

Früher Sommer

Hinterm Brunnen
hockten wir
im tiefen Schatten des Mittags. –
Tage der Frühe.

Der Sommer war Phlox.
Abends zirpten die Grillen.

Und der große gelbe Mond
bewachte
unseren Schlaf.

Reife

Heuduft hier
in Wiesenweiten,
und auf den hohen Breiten
färbt sich das Getreide gelb.

Das Nest der Goldammer
ist leer,
des Sommers Reife
bald vollbracht.

Wann schließt sich
unser Ring?

Hochsommer

Wenn die Hitze
schlafen geht,
werden die Mähdrescher lauter,
und die Grillen
locken die Kühle
der Wiesen.

Über dem Wald
geht der Mond auf
wie eine große Apfelsine.

Irgendwo
spielt jemand Ziehharmonika.

Morgen wird wieder
ein heißer Tag.

Gespräche

Im Gartengrün
der Gelbspötter
und ein großer Kuchen
auf dem alten Steintisch
in der Laube.

Gespräche
über Gott und die Welt.

Sonnenschein. –
Und das Geklapper
der Kaffeetassen
über der Schattenkühle.

September

Auf dem Leitungsdraht
die Perlenschnur der Schwalben,
und im Nebel
badet der Morgen.

Kühle der Frühe
und das warme Gold
des Nachmittags.

Doch der letzte Sonnenhut
ist längst verblüht,
und abends
liegen die ersten Kastanien
im Gras.

Im alten Steinbruch

Wenn die Schüsse
verhallt sind
im alten Steinbruch,
laufen die Förderbänder,
und die Steinbrecher
mahlen.

Sie lassen nichts übrig.

Doch unter Brombeerranken
versteckt,
von Flechten und Algen
bedeckt,
den schönen alten
Ammoniten
haben sie seit Jahren
vergessen.

Herbsttag im Wiehen

Immer wieder ruft der Vogel
wie aus dunklem Erdenmund,
schweigen dämmergrüne Fichten
überm golddurchwirkten Grund.

Stehe unterm hohen Hange
hier im späten Sonnenschein,
hör' den fernen Vogel rufen
über Berg und Tal und Stein.

Auf späten Wegen

Leere Felder,
braune Breiten
unterm hohen Himmel weit.

Und wir wandern,
wohl geborgen, –
hören, wie der Bussard schreit.

Hand in Hand
auf späten Wegen, –
und der Sommer liegt so weit.

*Friedrich Steinmeier,
geb. 30. Mai 1930 in Ennigloh, Kreis Herford,
Volksschule Oberennigloh, Mittelschule Bünde,
Arbeiter in Landwirtschaft und Industrie,
Abitur als Autodidakt in Münster,
Studium an der Pädagogischen Hochschule Bielefeld,
Lehrer in Essen-Katernberg, Rödinghausen-Westkilver
und Bünde-Ennigloh bis zum Eintritt in den Ruhestand*

*Seine Naturlyrik und Erzählungen vom einfachen Leben
wurden bisher in folgenden Büchern veröffentlicht:
„Am Ufer der Zeit", Gedichte (1984)
„Jahre unter dem Mond", Gedichte (1987)
„Schokoladenpapier" (1989)
„Pattwege" (1992)
„Mittagswind" (1994)
„Das gelbe Sommerlied", Gedichte (1996)
„Zeit des Bären" (1996)
Friedrich Steinmeier, Gesamtausgabe in 2 Bänden (1998)
„Unterm Walnußbaum" (2000)
„... und ein silbriger Schimmer lag über der kleinen Stadt" (2003)
„Auf späten Wegen", Gedichte (2003)
„Nachlese" (2005)
„Die Goldammer aber sang ein anderes Lied" (2008)*

*Weitere Veröffentlichungen in Anthologien, Jahrbüchern,
Zeitschriften, Zeitungen und im Rundfunk.*